JEAN MORÉAS

Poésies

(1886 — 1896)

Le Pèlerin passionné
Énone au clair visage & Sylves
Ériphyle & Sylves nouvelles

PARIS
BIBLIOTHÈQUE ARTISTIQUE & LITTÉRAIRE
SOCIÉTÉ ANONYME LA PLUME
31, rue Bonaparte, 31

1898

Poésies

(1886-1896)

DU MÊME AUTEUR :

(MÊME LIBRAIRIE)

Les Cantilènes, nouvelle édition................ 3.50
Eriphyle.. 3.00
Premières Poésies (*Les Syrtes, Les Cantilènes*). *(s. presse)*
Jean de Paris, édition ordinaire............. id.

    Une édition de grand luxe tirée à petit nombre et illustrée page à page est en préparation.

POUR PARAITRE PROCHAINEMENT:

Les Stances, poésies inédites, édition autographiée sur le manuscrit original, tirage à 102 ex. numérotés et signés à la main par l'auteur.

JEAN MORÉAS

Poésies

(1886 — 1896)

Le Pèlerin passionné
Énone au clair visage & Sylves
Ériphyle & Sylves nouvelles

PARIS
BIBLIOTHÈQUE ARTISTIQUE & LITTÉRAIRE
SOCIÉTÉ ANONYME LA PLUME
31, rue Bonaparte, 31

1898

Le Pélerin Passionné

1886-1890

*L'estoire iert si rimée, par foi le vous plevi,
Que li mesentendant en seront abaubi,
Et li bien entendant en seront esjoï.*

ADENES LI ROIS.

AGNÈS

AGNÈS

Il y avait des arcs où passaient des escortes
Avec des bannières de deuil et du fer
Lacé, des potentats de toutes sortes
— Il y avait — dans la cité au bord de la mer.
Les places étaient noires et bien pavées, et les portes,
Du côté de l'est et de l'ouest, hautes ; et comme en hiver
La forêt, dépérissaient les salles de palais, et les porches,
Et les colonnades de belvéder.

C'était (tu dois bien t'en souvenir) c'était aux plus
beaux jours de ton adolescence.

Dans la cité au bord de la mer, la cape et la dague lourdes
De pierres jaunes, et sur ton chapeau des plumes de perroquets,
Tu t'en venais, devisant telles bourdes,
Tu t'en venais entre tes deux laquais
Si bouffis et tant sots — en vérité, des happelourdes ! —
Dans la cité au bord de la mer tu t'en venais et tu vaguais
Parmi de grands vieillards qui travaillaient aux felouques,
Le long des môles et des quais.

  C'était (tu dois bien t'en souvenir) c'était aux plus
   beaux jours de ton adolescence.

Devant ta tante Madame la Prieure,
Que tu sentisses quelque effroi
Lorsque parlait d'Excommunication Majeure
Le vieux évêque en robe d'orfroi, —
Tu partais, même à l'encontre du temps et de l'heure,
Avec Hans, Gull, Salluste et Godefroy,
Courir la bague, pour amuser la veuve
Aux yeux couleur de roy.

  C'était (tu dois bien t'en souvenir) c'était aux plus
   beaux jours de ton adolescence.

Bien assise était la demeure, et certe
Il pendait des filigranes du perron ;
Et le verger fut grand où hantait la calandre diserte.
Et quant à la Dame, elle avait ce geste prompt,
Ce « ce me plaît » qui déconcerte ;
Et quant à la Dame, elle avait environ
Septante et sept saphirs avec un cercle
De couronne à son front.

    C'était (tu dois bien t'en souvenir) c'était la plus no-
        ble Dame de la cité.

Certes les fleurs florirent, et le dictame
Florit au verger qui fut grand, en effet ;
Toute fleur florit au verger, et quant à la Dame,
Son penal d'arroi fut fait
De ces riches draps que rien n'entame,
Et ses cavales étaient vénètes, et l'on pouvait
En compter cent, et nulle bête qui soit en mer ni en bocage
Qui ne fût à fin or portraite sur son chevet.

    C'était (tu dois bien t'en souvenir) c'était la plus no-
        ble Dame de la cité.

Claire était la face de la Dame, telle la fine pointe
Du jour, et ses yeux étaient cieux marins ;
Claire était la face de la Dame et de parfums ointe.
Claire était la face de la Dame, et plus que purpurins
Fruits, fraîche était la bouche jointe
De la Dame. Et pour ses crins
Recercelés, ne fussent les entraves d'ivoire,
Eussent encourtiné ses reins.

> C'était (tu dois bien t'en souvenir) c'était la plus bel-
> le Dame de la Cité.

Cieux marins étaient les yeux de la Dame et lacs que rehausse
La sertissure des neiges, et calice ce pendant
Qu'il éclôt, était sa bouche ; et ni la blonde Isex, ni la fausse
Cressida, ni Hélène pour qui tant
De barons descendirent dans la fosse ;
Ni Florimel la fée, et ni l'ondine armée de son trident,
Ni aucune mortelle ou déesse, telle beauté en sa force
Ne montrèrent, de l'aurore à l'occident.

> C'était (tu dois bien t'en souvenir) c'était la plus bel-
> le Dame de la cité.

« Sœur douce amie » lui disais-tu « douce amie,
Les étoiles peuvent s'obscurcir et les amarantes avoir été
Que ma raison ne cessera mie
De radoter de votre beauté ;
Car Cupidon ravive sa torche endormie
A vos yeux, à leur clarté,
Et votre regarder » lui disais-tu « est seul Mire
De mon cœur atramenté. »

  C'était (tu dois bien t'en souvenir) c'était par un
   soir de la mi-automne.

« Vos cheveux traînent jusqu'en bas et nimbent votre face,
Et vos sourires sont les duègnes de votre vertu ;
Ah ! prenons garde que notre âme ne se fasse
Putain, Madame » lui disais-tu.
« Vos cheveux traînent, et vos yeux portent d'azur à la fasce
D'or, et votre corps est de lys vêtu ;
Ah ! prenons garde que notre désir ne se farde
Pareil à quelque gnome tortu. »

  C'était (tu dois bien t'en souvenir) c'était par un
   soir de la mi-automne.

« Sœur douce amie » lui disais-tu « mon cœur est moire
D'eaux claires sous les midis.
Madame » lui disais-tu « mon cœur est grimoire
Tout couvert de signes maudits ;
Et je vous eusse cédée pour mille besants et voire
Pour quelques maravédis.
Sœur douce amie » lui disais-tu « pieux cloître
Est mon cœur, et sainte fleur en paradis. »

    C'était (tu dois bien t'en souvenir) c'était par un
    soir de la mi-automne.

LE DIT D'UN CHEVALIER QUI SE SOUVIENT

LE DIT

D'UN CHEVALIER QUI SE SOUVIENT

Joël est dans sa tour assis,
   Sa tour et sa tourelle.
C'est quand dans les bois épaissis
   La feuille renouvelle.
Pour lui il n'est mai ni printemps,
   Il n'est philtre ni baume,
Euh, las! car il aura cent ans
   Vienne la Saint-Pacôme.
A-t-il fait joutes et bouhour,
   A-t-il suivi la guerre!
Mais que, surtout, du mal d'amour
   Son cœur n'en avait guère!

Cœur fol, cœur en souci ! serment
    De femme, écueil au havre !
Gentil amour, plus durement
    Que tous gens d'armes, navre.
Vœux liés, déliés, lien
    Loyal qu'il soit, qu'il mente,
Ah, maille, maille ! au mal, au bien,
    Quand vient la mort charmante,
La souvenance va musant. —
    Le jeu plaisant !

Et c'est ainsi que, sans douloir,
    Joël se remémore :
Madame Emelos, gente à voir,
    Qui s'est livrée au More.
Puis c'est Esmerée, Anne, Snor,
    Viviane, Junie,
Mab, et la reine Aliénor,
    Comme rose épanie.
C'est Fanette, au visage clair,
    Qu'un goujat rendit mère ;

Et dans sa gonelle de fer,
   Pareille à la Chimère,
La Châtelaine d'Yverdun
   Qui avait nom Bertrande ;
Pour elle il a fendu plus d'un
   Ecu à large bande.
Laquelle encore ? (Qui l'eût dit !)
   Sanche aux façons hautaines,
Qu'il a surprise dans son lit
   Avec trois capitaines ;
Alalète, au chef reluisant. —
   Le jeu plaisant !

La bouche folâtre à dessein,
   Grêle parmi les hanches ;
Sous le siglaton fin son sein,
   Neige qui sied aux branches,
Neige sur la forêt d'hiver,
   Fleur de la neuve épine ;
Ses flancs, sous la pourpre et le vair
   A riche sébeline.
Beaux semblants et doux accoler,

Plus que fruit de maraude,
C'est Aude, encline à s'accoupler,
Ainsi que chienne chaude.
Pour elle il eût les dés faussé,
Comm' pipeur détestable ;
Pour elle il eût chevaux pansé,
Et mules, à l'étable.
Pour elle il s'est parjuré ; bref,
N'étant plus guère riche
Ou d'or monnayé, ou de fief,
Avec le duc d'Autriche.
Par la Flandre il s'en fut gueusant. —
Le jeu plaisant !

AUTANT EN EMPORTE LE VENT

EPITRE

Et votre chevelure comme des grappes d'ombres,
Et ses bandelettes à vos tempes,
Et la kabbale de vos yeux latents, —
Madeline-aux-serpents, Madeline.

    Madeline, Madeline,
Pourquoi vos lèvres à mon cou, ah, pourquoi
Vos lèvres entre les coups de hache du Roi !
Madeline, et les cordaces et les flûtes,
Les flûtes, les pas d'amour, les flûtes, vous les voulûtes.

Hélas, Madeline, la fête, Madeline,
Ne berce plus les flots au bord de l'Ile,
Et mes bouffons ne crèvent plus des cerceaux
Au bord de l'Ile, pauvres bouffons,
Pauvres bouffons que couronne la sauge !
Et mes litières s'effeuillent aux ornières, toutes mes litières à grands pans
De nonchaloir, Madeline-aux-serpents.

L'INVESTITURE

Nous longerons la grille du parc,
A l'heure où la Grande Ourse décline ;
Et tu porteras — car je le veux —
Parmi les bandeaux de tes cheveux
La fleur nommée asphodèle.

Tes yeux regarderont mes yeux ;
A l'heure où la Grande Ourse décline. —
Et mes yeux auront la couleur
De la fleur nommée asphodèle.

Tes yeux regarderont mes yeux,
Et vacillera tout ton être,
Comme le mythique rocher
Vacillait, dit-on, au toucher
De la fleur nommée asphodèle.

CHANSON

Les courlis dans les roseaux !
(Faut-il que je vous en parle,
Des courlis dans les roseaux ?)
O vous joli' Fée des eaux.

Le porcher et les pourceaux !
(Faut-il que je vous en parle,
Du porcher et des pourceaux ?)
O vous joli' Fée des eaux.

Mon cœur pris en vos réseaux !
(Faut-il que je vous en parle,
De mon cœur en vos réseaux ?)
O vous joli' Fée des eaux.

CHANSON

On a marché sur les fleurs au bord de la route,
Et le vent d'automne les secoue si fort, en outre.

La malle-poste a renversé la vieille croix au bord de la route ;
Elle était vraiment si pourrie, en outre.

L'idiot (tu sais) est mort au bord de la route,
Et personne ne le pleurera, en outre.

CHANSON

Vous, avec vos yeux, avec tes yeux,
Dans la bastille que tu hantes !
Celui qui dormait s'est éveillé
Au tocsin des heures beuglantes,
Il prendra sans doute,
Son bâton de route,
Dans ses mains aux paumes sanglantes.

Il ira, du tournoi au combat,
A la défaite réciproque ;
Qu'il fende heaumes beaux et si clairs,
Son pennon, qu'il ventèle, est loque !
Le haubert qui lace
Sa poitrine lasse,
Si léger ! il fait qu'il suffoque.

Ah, que de tes jeux, que de tes pleurs
Aux rémissions tu l'exhortes,
Ah laisse ! tout l'orage a passé
Sur les lys, sur les roses fortes.
Comme un feu de flamme
Ton âme et son âme,
Toutes deux vos âmes sont mortes.

CHŒUR

Hors des cercles que de ton regard tu surplombes,
Démon Concept, tu t'ériges et tu suspends
Les males heures à ta robe, dont les pans
Errent au prime ciel comme un vol de colombes.

Toi, pour qui sur l'autel fument en hécatombes
Les lourds désirs plus cornus que des égipans,
Electuaire sûr aux bouches des serpents,
Et rite apotropée à la fureur des trombes ;

Toi, sistre et plectre d'or, et médiation,
Et seul arbre debout dans l'aride vallée,
O Démon, prends pitié de ma contrition ;

Eblouis-moi de ta tiare constellée,
Et porte en mon esprit la résignation,
Et la sérénité en mon âme troublée.

UNE JEUNE FILLE PARLE

Les fenouils m'ont dit : Il t'aime si
Follement qu'il est à ta merci ;
Pour son revenir va t'apprêter.
— Les fenouils ne savent que flatter !
Dieu ait pitié de mon âme.

Les pâquerettes m'ont dit : Pourquoi
Avoir remis ta foi dans sa foi ?
Son cœur est tanné comme un soudard.
— Pâquerettes, vous parlez trop tard !
Dieu ait pitié de mon âme.

Les sauges m'ont dit : Ne l'attends pas,
Il s'est endormi dans d'autres bras.
— O sauges, tristes sauges, je veux
Vous tresser toutes dans mes cheveux..
Dieu ait pitié de mon âme.

HISTORIETTE

De sa hache — ah qu'il est las —
Le chevalier aux blanches armes.

A coups de hache
Rompre des casques, — ah qu'il est las —
Le chevalier aux blanches armes.

Et de la jolie fille de Perth,
Et de Béatrix et de Berthe,
Et des robes à bordures de perles
Et des cheveux sur le cou — ah qu'il est las —
Et des bras autour du cou — ah qu'il est las —
Le chevalier aux blanches armes.

De mourir, — ah qu'il est las —
Le chevalier aux blanches armes.

LE JUDICIEUX CONSEIL

Pourquoi cette rage,
O ma chair, tu ne rêves
Que de carnage
De baisers !
Mon âme te regarde,
En tes joutes, hagarde
Mon âme ne veut pas
De ces folâtres pas.

Aussi, parmi cette flamme,
Que venez-vous faire,
O mon âme !
Ah, laissez
Vos bouquets d'ancolie,
Et faites de façon
Que l'on vous oublie.

PARODIE

Ha, que l'on lève incontinent les caducées
Sur mon cœur. Et c'est assez de ces familiers
Crève-cœur ; et je m'en vais mettre des colliers
Et des rubans aux boucs qui hantent mes pensées.

Et c'est assez, ô mon cœur, de ces traversées
Risibles. Et soyons les dévots cavaliers ;
Et soyons le palais aux joyeux escaliers ;
Soyons les danses qui veulent être dansées.

Soyons les cavaliers cruels. Soyons encor
La farce espagnole : les dagues, les dentelles ;
La duègne, le tuteur et le corrégidor,

Et Don Garcie, et leurs cautèles mutuelles.
— Puis, viens, et que nous chantions, sur la harpe d'or,
L'azur et la candeur, et les amours fidèles.

A JEANNE

Ah, rions un peu pendant que l'heure
      Le souffre ;
Ah, rions sur le bord
      Du gouffre.
Oh, si bon il est de rire,
      Quand on pense :
Que nos cœurs loyaux n'auront point
      Leur récompense.

A JEANNE

Si j'avais toujours
    Votre front proche,
Je serais sans peur
    Et sans reproche.
Mais loin de vos yeux
    Je m'assimile
Au fou qui combat
    Contre mille.

ETRENNES DE DOULCE

ETRENNES DE DOULCE

I

Ses yeux parmi
Ses joues, ses lèvres de couleur,
Ses yeux sont comme fleur
De violette au bouquet joli.
Et son sourire
Et son franc dire
Enchantent le mal qui me veut occire,
Mieux qu'en avril ni mai
Gentil oiseau
Du bois ramé
Ne berce somme
De pastoureau ;
C'est pourquoi Doulce je la nomme.

Ni le nom de Mélusine
Pourtant,
Ni le nom d'Argentine
Ou de la comtesse de Flassand,
Ni celui plus fameux de la reine
Qui mourut d'aimer.
Ne valent pour la nommer
Le nom qu'elle tient de sa marraine.
Nom qui m'êtes courtois échanson
De loyal heur, en ma chanson,
Las, faudra-t-il toujours vous taire !
O doux nom si gracieux
Qui faites pleurer mes yeux
Quand ma bouche vous profère.

II

Je suis le guerrier qui taille
A grands coups d'épée dans la bataille :
Son œil est clair et son bras prompt à férir.
      Hélas, il va mourir :
      Car sous la dure maille
  Par un trou hideux goutte à goutte
  Fuit tout son sang et sa vie toute.

Je suis le pauvre chevalier qui vendit son âme
    Au diable — honte et diffame —
      Pour de l'or pipé sitôt.

Vous qui semblable à la Vierge Marie
M'êtes apparue, ô Dame au cœur haut,
    Dame à l'âme fleurie,
    Du toucher de votre main pure
    Guérissez ma blessure,
    Et que vos doux yeux
    Me rachètent les cieux.

III

Ombre de casemate
Que roussit un vestige de falots,
Lacs sereins, frondants coteaux
Au déclin du char d'Hécate,
Corbeaux
Amis des gibets : noirs cheveux qui raffolez
De pierreries,
Vous n'êtes pas les cheveux de ma Dame.

Ils ne sont pas non plus, ses cheveux, fin
Or. Aurores,
Bel Arcturus, fulves couchants,
Sur les champs
Javelles, votre orgueil m'est vain
Et vaines vos métaphores.

Fragrante cargaison de nefs
D'Arabie, mais qu'ils me sont soëfs
Les nobles cheveux châtains de ma Dame,
Soit que sa main les apprête
En bandeaux modestes sur sa tête,
Soit qu'ils l'encourtinent déliés, quand amène
Elle se fait à ma peine.

IV

Pour couronner ta tête, je voudrais
Des fleurs que personne ne nomma jamais.

Lavande, marjolaine, héliantème,
Et la rose que le luth vanta,
Et le lis sans tache que Perdita
Souhaitait pour le prince de Bohême ;
L'œillet, la primevère, les iris,
Et tous les trésors de Chloris :
Gerbe seraient pauvre et défaite
    Pour couronner ta tête.

V

J'ai tellement soif, ô mon amour, de ta bouche,
Que j'y boirais en baisers le cours détourné
Du Strymon, l'Araxe et le Tanaïs farouche ;
Et les cent méandres qui arrosent Pitané,
Et l'Hermus qui prend sa source où le soleil se couche,
Et toutes les claires fontaines dont abonde Gaza,
Sans que ma soif s'en apaisât.

VI

Parce que du mal et du pire
Mon âme absout tous les méchants,
Et que sur ma lèvre respire
Orphéus, prince des doux chants,

Qu'au jardin de ma chevelure
S'ébattent les ris et les jeux,
Que se lève le Dioscure
Dans la prunelle de mes yeux ;

D'autres ont pu me croire : fête
Saoûle de drapeaux épanis,
Et clairons sonnant la défaite
De l'indéfectible Erinnys ;

Mais toi, sororale, toi, sûre
Amante au grand cœur dévoilé,
Tu sus connaître la blessure
D'où mon sang à flots a coulé.

VII

Certe, il ne sut une autre toi
Le Roi
Qui dit la femme plus amère que la mort.

Car, de vos lèvres pressées,
Vous êtes toutes douceurs, amour,
Jusqu'à vos lèvres courroucées,

Et, n'êtes-vous
Pas, aussi, le doux
Mois de Marie, si
Votre regard fait fleurie
Mon âme aux pâles couleurs.

VIII

Tes yeux sereins comme le calme
Sur les flots de la mer,
Me disent : nous serons
La palme
Sur ton sommeil amer ;
Nous verserons
Dans ton cœur en péché
— Me disent —
La paix et l'équité.

Tes yeux me disent :
Pauvre âme aux pieds meurtris
Sur les mauvais chemins,
Tes lendemains

S'ils s'égaraient encore !
De tes couchers honnis
Nous serons l'alme aurore.

En nous c'est la fontaine
    Bénigne du pardon,
Nous vous serons l'antienne
    Et le bourdon,
Pauvre âme en dure peine, —
    Disent tes yeux.

JONCHÉE

DISCOURS

Du barat d'or affronteur,
Son diffame, l'un apprête ;
Et de laurier imposteur,
Que l'hiver outrageux guette,
L'autre couronne sa tête.
De brigue point n'ai souci,
Ou de menteur faste, si,
Mon pouce, alerte tu mêles
Dessus les cordes jumelles,
Narguant envie et tous sots,
Les parlantes philomèles
Au susurre des ruisseaux.

O qui, sur le double mont,
D'un miel Attique la coupe
Levez, dont la voix semond
Les buccins à riche houppe,
Nymphes, gracieuse troupe,
A l'ignorant mal-appris,
Qui clos tenez vos pourpris,
Mon heureuse fureur-née,
Sous vos lois fut ordonnée
Vers les assurés travaux,
Comme d'un frein est menée
L'ardeur des jeunes chevaux.

Aganippides, aux doux
Airs, dont la harpe se vante,
Nouvelle encore, par vous
Mon âme se sut savante ;
Pour que maintenant, j'invente
Un art bien élaboré
Et du vulgaire abhorré !

C'est votre haleine fertile,
Sacrant ma bouche inutile.
Qui fait qu'indigne je sais,
De gentil son et haut style,
Hausser le Nombre Français.

ÉLÉGIE PREMIÈRE

Ce ne fut, quand, des Pléiades, le déclin pluvieux
        Moleste le bois dénu.
Alors Zéphire éventait les jeux
Des Grâces ; alors des linots tintait le sermon menu ;
Et l'épice, alors, abondait, et la rosée, soulas
Des jardins : lorsque ainsi tu parlas :

« J'ai vu fuir et passer le temps qui nous devance,
    Tel un cerf que jamais aucun chasseur ne joint.
J'ai vu nos fleurs d'hier, printemps plein d'inconstance,
    Et l'hiver et l'été, comme en un même point.

« O pauvre bien-aimé, tout cet augure double
S'est réflété dans moi, mieux qu'au clair d'un miroir ;
Voici la trêve, et si quelque chose me trouble,
C'est la pitié que j'ai de ton vain désespoir.

« Laissons au cœur moins docte oser encor prétendre,
Et d'un vueil à cela mettre la vanité.
Car ne le sais-tu pas ! et que saurons-nous prendre
A cette ombre dissoute avant d'avoir été ? »

ÉLÉGIE DEUXIÈME

Plus durement que trait turquois,
Amour, plaisant doux archer, blesse
Rustiques garçons et grands rois.

Par telle langueur et faiblesse,
Dieu oublia et diffame eut
David qui haïssait mollesse.

Semblablement l'autre qui fut
Salomon, si très sage augure,
De grand renom piteux déchut.

ÉLÉGIE DEUXIÈME

Bouche feinte et feinte figure,
Yeux bénins aux gracieux lacs,
Honte cèlent et mal' mort dure :

Agamemnon n'en eut soulas,
Aussi, la forcenée Hélène
Le fit voir au duc Ménélas.

Achille servit Polyxène ;
Chez la lydienne Herculus
Fila quenouillette aime-laine.

De Stratonice, Séleucus
Souffrit empire et vasselage,
De Chryséide, Troïlus.

Au gré d'un coloré visage,
N'écouta les buccins retors
Antoine, preux trop plus que sage.

Et tout docte, en nonchaloir fors
De sa Faustine, Marc-Aurèle,
Vit de cendre ses lauriers ords.

Ainsi, en la bailli' de celle
Dont les cheveux passent l'or fin,
(Las ! qui m'est félone et cruelle),

Je cuide le Permesse vain,
Et mon souffle n'a véhémence
D'animer le roseau divin

Qui clamait mon nom par la France.

ÉLÉGIE TROISIÈME

Psyché, mon âme.
EDGAR POE

C'était comme le champ de Pharsale : des blessés
    Hideux
  Mouraient sur le bord des fossés ; —
  Là, où nous revînmes tous deux,
    Avec Psyché, mon âme.

  Et je lui dis « N'est-ce pas ? » Et je lui dis
« Ces arcs comme ils s'écroulent, et ces butins quels oripeaux !
  Ah, maudites étaient nos armes, et maudits
    Nos drapeaux !
      Psyché, mon âme !. »

ÉLÉGIE TROISIÈME

C'était comme un purgatoire, où des ombres aux abois
        Levaient des fronts honteux,
      Et se tordaient les doigts : —
Là, où nous revînmes tous deux,
              Avec Psyché, mon âme.

Et je lui dis « N'est-ce pas ? » Et je lui dis
    « Ah, ces damnés que chasse le regret,
      En fleurs bénignes de Paradis
        Qui jamais les mettrait,
              Psyché, mon âme ! »

CARTEL

Je dis à Amour, mon ennemi : Toi qui oses, page
Menu, prétendre sur moi quelque avantage,
Regarde le cimier que sur mon casque font
Bel-Accueil aux vertes couleurs, et Beau-Parler, et l'œillade prés
Des Dames belles, qui débonnaires me sont.

Je dis à Amour, mon ennemi : Ne vois-tu point
Orgueil gorgias mes brassards garnir à point,
Cuissards et tassette, et jusques à mon soleret qui point
De gai courage ; et cet épieu que Témérité
  En ma dextre a enté !

A rompre lances, armure mal opportune,
> (Amour me dit)
Je n'ai que Faux-Semblants, mais ce sont d'Une
> Qui souvent couard te rendit.

PASSE-TEMPS

Blanc satin neuf, œuf de couvée fraîche,
Neige qui ne fond,
Que vos tétins, l'un à l'autre revêche,
Si tant clairs ne sont.

Chapelets de fine émeraude, ophites,
Ambre˙coscoté,
Semblables aux yeux, dont soulas me fîtes,
Onques n'ont été.

Votre crêpe chef le soleil efface,
  Et votre couleur
Fait se dépiter la cerise, et passe
  La rose en sa fleur.

Joncade, coings farcis de frite crème,
  Pâté, tarte (ô vous !),
Que vos gras baisers, voire de carême,
  Ne sont pas plus doux.

CONTRE JULIETTE

Pour vous garder de mal empire,
Pennon d'Amour et gonfalon,
Je vous donnai ma chevelure
Couleur des flots sous l'Aquilon.

Boucliers aux tendres devises,
Ecus de pleine loyauté,
Je vous donnai mes fiers yeux contre
Votre propre vulgarité.

Coupe de mélodie et baume,
Afin de vous extasier
Je vous donnai ma bouche vive,
Telles les roses au rosier.

Dames d'atour et chambrières
Attentives à votre arroi,
Je vous donnai mes mains plus nobles
Que la couronne au front d'un roi.

Et je vous donnai — ho ! prodigue —
Et je vous donnai par monceaux,
Tous les trésors de ma pensée
Comme des perles aux pourceaux.

MON MAL J'ENCHANTE

Toi, mauvais œil, ou stellaire
Malignité, toujours de travers sonnée heure, ou qui que tu sois ;
Être vilain, çà, tu me veux encore malfaire.

Ne viens-tu pas, avec ta bouche d'autrefois,
Bruire et siffler ton antienne ?
Ne vas-tu pas, à l'allégresse de mes doigts
Mêler ton geste, afin que je me ressouvienne !

Depuis les jours, depuis ces jours on m'a tenu
Plus sûrement sur les fonts Aganippiques, ô gnome,
Et tu pourras savoir par le menu
Si j'ai l'âme gaillarde, et pour quel on me nomme ;
Car, même dans ta nuit, même battu à tes autans,
     D'un gracieux délire :
Je dirai le soleil levé, et le printemps,
     Sur la plus haute corde de la Lyre.

LE TROPHÉE

Mirage coloré, fragrance
De jeunes jardins, et de carrefour rance ;
Doux frôler susurré comme d'une source,
Râper anxieux comme d'une étoffe rebourse :
      Il est un Monstre.

O toi, ô toi, ton âge le connut
      Alors que fleur il eut,
Et jusqu'au seuil de son automne empressé.

Ah toi, bénie qu'elle soit, la tutélaire voix
Qui terrassé le fit sur les pavois
      Bruissant à ta fortune.
Car n'es-tu pas celui pour qui ores en vain
      Saturne vente à la poupe,
Et qui peut, s'il le veut, goûter l'instant frivole comme un vin.
      Qui rit dedans la coupe !

ALLÉGORIES PASTORALES

EGLOGUE A ÆMILIUS

Alors que j'étais, ô Æmilius, le nouveau
Temps, alors que, la feuille de primerole ;
Que mon âge allait plus éclairci que l'eau
De la source matutinale en sa rigole
De gravier : devis ni son,
Fredons comme de tourtres et passes,
N'envolaient de ma bouche aimée des Grâces,
Mais soupirer et complainte et tenson.

EGLOGUE A ÆMILIUS

O Æmilius, pourquoi, sur l'agreste flûte, ai-je
Dit l'automne maligne et le cortège
Des pluies, alors que Flora versait
Beau-riante l'étrenne de sa corbeille,
Et, d'un tortis, Cyprine mes boucles pressait,
O Æmilius ; et la barbe, à peine, entour l'oreille
        Me naissait ?

L'été, maintenant, grandit l'ombre de mes pas ;
La mi-été, maintenant, boit la rosée. Ah ! n'est-il pas
Levé, l'astre qui fait s'ouvrir la fleur tardive
Du safran ! Æmilius, Æmilius, voici bruire
L'heure au roseau que mon souffle avive,
L'heure de lamenter.
                Ore je vous vais dire :
La folâtre Amarylle, et le joyeux Tityre.

EGLOGUE A MA DAME

Afin de bien louer les dons
 Où vous avez chevance,
 Que mon pouce n'a les fredons
Des poëtes, honneur de la docte Provence !

Ta bouche, sanguin piment,
Douce comme le moût de première cuvée,
    Veut qu'on la sacre savamment,
Ainsi que d'un Arnaud fait la rime approuvée.

Puis il me faut, d'un son et très mignard et coint,
    D'une cadence vive,
Telle de ce Jaufred que fine amour a point,
Vanter tes crêpes crins, couleur d'huile d'olive.

    Tes yeux, aurés comme cédrat,
    — Sagettes et blandice —
    Clament la pompe et l'apparat
    Des vers qui, dans le Montferrat,
        Chantèrent Béatrice.

    Pour dire ta grâce et le teint
       Tien, le plus beau du monde,
    Que le bruit de ma voix n'atteint
    A ce Guillaume Cabesteint
       Qui aima Sorismonde !

Mais pour que je me deuille, ainsi que je le doi,
De la pitié qui n'est en toi,
Il faudra que je creuse
Le roseau divin éclatant
Où le chèvre-pied souffla tant
Sa fureur amoureuse.

EGLOGUE A ELLE ENCORE

J'eusse pu me nourrir de miel
Nouveau, pendant des mois, et bien que l'on prétende
Que sa saveur trouble les sens,
Je n'eusse été, certes, tant dépourvu de sagesse
Que pour avoir, de ma lèvre, ah si peu !
Effleuré ta bouche, semblable au feu.

Bouche plus suave que le miel
Au creux des ruches amassé,
Bouche plus vive que les hauts pavots
Parmi la prée,
Accole, ô sa bouche, rebaise la bouche mienne,
Que tout forcené je devienne.

Ainsi, amour dernière à mon cœur née,
Par bois touffus et sente étronçonnée
J'irai, mené de mes fureurs errantes,
Jusques au val où les eaux sont courantes,
Et là, d'un saut, tôt me sera ravie
Cette langueur de vous, avec la vie.

Alors, peut-être, un dieu sylvain me changera
En arbre dru, dont la verdure forte,
Belle t'abritera,
Lorsque l'Auster moiteux les grêles nous apporte.

Alors, la Cyprine, peut-être,
De mon corps défunt fera naître
Quelque haie aux jets éclatants,

Et sur le retour du printemps
Je saurais encor' te complaire,
   Fleur en ta tête claire.

Peut-être, aussi, serai-je mué,
Par celui qui son front pare d'une corne lisse,
En roseau doucement remué :

Pour bercer ton sommeil, au solstice.

EGLOGUE A FRANCINE

O Francine sade, cueille,
De tes doigts si bien appris,
La rose, moite en sa feuille,
Le lys qui n'a pas de prix.
Des champs et des verts pourpris
La fleurante nouveauté,
Las, demain aura été.

N'es-tu pas fleurante pomme,
O Francine de renom,
Et tant frétillarde, comme
Tourterelle en sa saison !
Bientôt tu n'auras foison
De plaisance, chef doré,
Ni visage coloré.

Or, ainsi, belle Francine,
Faisant nargue à vos fôleurs,
Sénestre je vaticine
Toutes sortes de malheurs,
En me couronnant de fleurs,
Sifflant de pastoraux airs
Dans mes chalumeaux diserts.

EGLOGUE A PAUL VERLAINE

Pour avoir tant essoufflé des cornemuses
    Criardes, au fredon têtu,
D'une mauve, guide cent brebis camuses
    Ménalqu' de superbe vêtu.

Maint bélier, et la profitable génisse
    Qui nourrit ses deux nouveau-nés,
Ornent l'étable de Mopse, si très nice
    A dire les chants alternés.

Thyrsis se rengorge d'une coupe ouvrée
    Des mains du noble Alcimédon ;
Batte, opprobre de la montagne sacrée,
    D'un laurier de brigue eut guerdon.

A toi, l'honneur des Lybéthrides agrestes,
    Abreuvé des parlantes eaux,
Il ne sied prix que du son de tes doigts prestes
    Sur les disparates roseaux,

Divin Tityre, âme légère ! comm' houppe
    De mimalloniques tymbons ;
Divin Tityre, âme légère ! comm' troupe
    De satyreaux ballant par bonds.

GALATÉE

GALATÉE

« Oublie, ô Cyclope, sauve tes vœux
    Du réseau gracieux
D'un regarder où tu te fis enclore.
Déjà, sous un chef verdissant la source bruit,
    Déjà l'églantier se colore,
Déjà l'arbre sylvestre porte fruit.
Oh, pourquoi, Cyclope, en toi l'hiver encore
Et que n'es-tu pressant les pis abondants
    De la génisse profitable !
Vois les taureaux mêler leurs cornes, entends
    Bêler tes brebis à l'étable. »

Vieux Mélibée, ainsi tu parles.

                    « Les autans
Soufflent malins aux tiges qui florissent,
Maligne est la pluie aux épis qui mûrissent.

Et l'arc d'Eros, si les traits ne partent doubles, blesse
    Soulas et liesse.
Si la mare, au roseau, si l'onde pure, au peuplier il faut,
Soupire-t-elle la palombe après le gerfaut,
La carpe après l'hameçon ? Après le taon sonore,
Soupire-t-il le bœuf ? O Cyclope, oublie ore,
Dame qui n'a franchise. Sache, plutôt, que le verger
D'épices soit garni, ou qu'un feuillage étranger
Ente l'antique tronc, et que, dans la corbeille
Faite de baguettes de saule, et d'osier léger,
Avecque soin le lait se caille. »

      Ainsi tu parles, vieille
Cotytaris.

  Oublie ! oublie ! Euh, foin
De vos thriacles, bélîtres, botteleurs de foin,
 Langues radoteuses ! Qu'il ait
Un bois retors et de mainte coudée
 Le front d'un cerf nouvelet,
Que, badin, le cerf aux abois frappe
 L'herbe, d'un pas alterné.

Ou que, surpris, le chien du Ménale
    Par le lièvre soit mené,
Que l'homme amputé de sa dextre
    Tire l'épée à-deux-mains,
Que le perclus vainque à la course
    Atalante aux pieds soudains,
Que la mule rétive et la cavale
    Mâchent comme gingembre leurs mors,
Et qu'elle se rengorge, la taupe,
    De deux yeux d'Argus : alors
Lorsque vous aurez dit : Oublie, oublie, ô Cyclope !
Vos bouches parleront selon leur nature de bouche, et non
    Telle la peau d'un vieil onagre
    Qui résonne au tympanon.

    O Mélibée, aussi,
Ne disais-tu pas Chariclée
    En grief souci
De ne voir, dans ma barbe mêlée,
Le ruban, dont présent me fit,
Par sa main, son cœur déconfit ?
    O Cotytaris, maquerelle,

Ta face rusée, en son pli
   Cèle et décèle :
Comme Corinne serait aise
S'elle avait par mes travaux empli
De lait, son tétin rose et fraise.

Mieux que Corinne, sous la tunique détorse,
Nulle n'a la cuisse potelée,
Couleur du cèdre dépouillé de son écorce
Sont les cheveux de Chariclée.
Corinne a les cheveux comme une lueur.
Mais Galatée a tout mon cœur.
   Chariclé' bonne et doucette et tendre
Baisse ses yeux de pierre aventurine.
Telle la bacchante de Thrace sait s'étendre
D'audace barbelée, Corinne.
Chariclé' charme par sa pudeur,
Mais Galatée a tout mon cœur.

   Galatée, mon beau souci,
   Dame, Ma Dame sans merci !
De ce cœur, telle la plaine féconde,
M'allez-vous faire un cœur plus dénudé

Que le bois par l'hiver émondé,
Et plus stérile que l'onde.
Galatée ! l'osmonde
Joliette,
L'aneth éclos à la matinale fraîcheur, la sarriette,
L'ache, si ma main les cueille,
Des ronces ne valent la feuille.
Galatée ! l'ambre en chapelet,
Le grenat semblable à la flamme, comme lait
Les perles sitôt remuées,
Prases, jaconces, si j'en veux
Tresser vos boucles de cheveux,
En roche bise sont muées.
Chères mains à toutes grâces vouées,
Dame douce ! cette guerre cessez,
Et de pitié (comme
L'épine porte l'amome)
Votre rigueur fleurissez.

Merci crié au vent ; trop durable rigueur :
Peu prisée amitié ; cœur en vaine langueur
Et dure embûche ;

Mon cœur plus vainement langoureux que l'oiseau
Après le haut bocage, alors qu'en un réseau
      Son vol trébuche.

  Ses yeux si clairs, ses fosseleux souris,
Son vaillant corps, son venir, son aller,
Et les doux mots dont ell' sut me parler,
Et le beau teint, de son âge le prix,
  Son teint si beau, comme rose en pourpris,
Et qui la fais à Cyprine sembler :
Dons sans guerdon ! vous me deviez embler
Valeur et l'heur en vos lacs entrepris.
  D'amour où n'est ni cautèle ni vice
J'avais juré de vous faire service,
O Dame, hélas ! las ! félon à moi-même.
  L'eau, à la fin, la pierre drue perce,
Mais non de vous, la cruauté extrême.
Mes tristes pleurs, car trop m'êtes adverse.

      Printemps et Mai
      Ont parfumé
      Et val et plaine ;
      Zéphyr haleine.

De-ci de-là ballent, farauds,
Pastourelles et pastoureaux.
    Où trouver, las !
    Trêve et soulas
    A ma grand'peine ?

LE BOCAGE

Un troupeau gracieux de jeunes courtisanes
S'ébat et rit dans la forêt de mon âme.

Un bûcheron taciturne et fou frappe
De sa cognée dans la forêt de mon âme.

Mais n'ai-je pas fait chanter sous mes doigts
(Bûcheron, frappe !) la lyre torse trois fois !

(Bûcheron, frappe !) N'est-elle pas, mon âme,
Comme un qui presse de rapides coursiers !

La persuasion habite sur tes lèvres,
      Jeune homme, et l'on
Dirait que dans tes yeux se lève
L'Ourse brillante, fille de Lycaon.

L'épeautre de Toscane, la myrrhe grasse et l'iris,
En vain font le col d'Aspasie un miroir.
En vain, Plouto soupire, et tu te ris
  Du vieil Eumolpe et de son parasol en ivoire.

Car, jeune homme, de quelle herbe, de quelle fleur
　　Du Phase ou de Tempé,
De quel hippomanès d'une cavale en chaleur,
　　Ta chasteté sera trompée !

Pour consoler mon cœur des trahisons,
Je veux aimer, en de nobles chansons,
Les doctes filles de Nérée :
Glaucé, Cymothoé, Thoé,
Protomédie et Panopée,
Eunice aux bras de rose, Eulimène, Hippothoé.

Et l'aimable Halie, et Amphitrite, à la nage prompte,
Proto, Doto, parfaite à charmer,
Et Cymatolège qui dompte
    La sombre mer.

Gentil esprit, l'honneur des Muses bien parées,
      La Tailhède, les bandelettes sacrées
Ceignent ton front. Bien que tu passes parmi nous,
Que la cendre à tes pieds de cette vie reste
Comme aux flancs de Délos la mousse du Géreste,
Ta soif s'étanche aux flots Dircéens, et d'un doux
Murmure le laurier frémit quand tu parais,

Et sur le vil Python ta main vire les traits
Indubitables, et tes vœux appendent des prémices
Au bord de l'Acragas où meuglent les génisses.

« Les feuilles pourront tomber,
La rivière pourra geler !
Je veux rire, je veux rire.

La danse pourra cesser,
Le violon pourra casser,
Je veux rire, je veux rire.

Que le mal se fasse pire !
Je veux rire, je veux rire.

— Je suis las, si las,
Comment danser, hélas !
— Mets des fleurs dans tes cheveux
Et dansons, car je le veux.

Je suis si triste, triste,
Comment rire, hélas !
— Qu'un marmouset pleure,
Rions, car c'est l'heure.

Dormir est si doux,
Que ne mourons nous !
— Ah, la Mort, ah, n'est-ce
Une menteresse !

Je naquis au bord d'une mer dont la couleur passe
En douceur le saphir oriental. Des lys
Y poussent dans le sable, ah, n'est-ce ta face
Triste, les pâles lys de la mer natale ;
N'est-ce ton corps délié, la tige allongée
    Des lys de la mer natale !

O amour, tu n'eusses souffert qu'un désir joyeux
Nous gouvernât ; ah, n'est-ce tes yeux,
    Le tremblement de la mer natale !

Que faudra-t-il à ce cœur qui s'obstine ;
Cœur sans souci, ah, qui le ferait battre !
Il lui faudrait la reine Cléopâtre,
Il lui faudrait Hélie et Mélusine,
Et celle-là nommée Aglaure, et celle
Que le Soudan emporte en sa nacelle.

    Puisque Suzon s'en vient, allons
Sous la feuillée où s'aiment les coulombs.

Que faudra-t-il à ce cœur qui se joue ;
Ce belliqueur, ah, qui ferait qu'il plie !
Il lui faudrait la princesse Aurélie,
Il lui faudrait Ismène dont la joue
Passe la neige et la couleur rosine
Que le matin laisse sur la colline.

Puisqu'Alison s'en vient, allons
Sous la feuillée où s'aiment les coulombs.

Sauvons-nous du souci d'un jour !
Théone, cédons à l'amour,
Cédons à Vénus Cyprienne.

Que le myrte à la verveine tors
(D'autres diront la vie et ses torts !)
Peinture tes cheveux que l'écaille hausse..
— Je dirai la vipère au bandeau
Des femmes de la Thrace, et l'eau
Sacrée de la fontaine de Tilfosse.

Fais ton corps docile au coussin,
Ceinturée de perles indiques.
— Je dirai comme au doux essaim
Des Favones rouvrent leur sein
Les gracieuses Heures véridiques.

Moi que la noble Athène a nourri,
Moi l'élu des Nymphes de la Seine,
Je ne suis pas un ignorant dont les Muses ont ri.

L'intègre élément de ma voix
Suscite le harpeur, honneur du Vendômois ;
Et le comte Thibaut n'eut pas de plainte plus douce
Que les lays amoureux qui naissent sous mon pouce.

L'Hymne et la Parthénie, en mon âme sereine,
Seront les chars vainqueurs qui courent dans l'arène ;
      Et je ferai que la Chanson
      Soupire d'un tant ! courtois son,
Et pareille au ramier quand la saison le presse.
      Car par le rite que je sais,
Sur de nouvelles fleurs, les abeilles de Grèce
      Butineront un miel Français.

Enone au clair visage

et

Sylves

1891-1893

ÉNONE AU CLAIR VISAGE

OFFRANDE A L'AMOUR

Favorise mes chants, ô Amour, donne-leur
De tromper, même un cœur prudent, par la langueur
Du doux désir. Afin que tout divers mué,
Que tout entier tu sois de ma verve rué :
(Apollon sur la lyre et Pan dans les pipeaux)
Entre dedans mon sein, courbé sous les faisceaux
De ces traits, artisans d'une charmante rage,
Dont tu blessais Procris et Didon de Carthage.

ÉNONE AU CLAIR VISAGE

I

Elle a fini déjà, pour cette nuit, sa route,
L'étoile qui d'aimer conseille. Hélas ! écoute,
Ne me dis pas : Pourquoi ce fol amour ? Jamais,
Me renflammant le sang d'une coupable envie,
L'arc ne sera tendu, ni encochés les traits.

Si la lumière, vois, de l'étoile a baissé,
Certes, c'est que le tiers des heures a passé.
Non, non, ne me dis pas : Pourquoi ce fol amour ?
Jeune tige, pareille à ce noble palmier
Que dans l'âpre Délos Ulysse vit un jour.

Laisse, laisse Cypris à l'horizon descendre,
L'air est tout imprégné du pollen des fleurs tendres ;
    Ferme tes yeux aimés,
Puisque l'ombre qui croît me les a dérobés.
Apollon me chérit, et le fils de Mercure,
Le bon Pan corne-bouc, de mon jeune âge eut cure.
Dans le sacré Cyllène où les Nymphes des eaux
M'ont nourri, de ma main j'ai coupé maints roseaux :
D'un art industrieux j'y sais feindre à merveille
La cime des forêts, quand le matin l'éveille.

II

Ce ne sont pas ceux-là qui blessent ma pensée,
Les membres délicats où tu es enfermée !
O Énone, tu peux, semblable à cet oiseau
Qui dessus le Taygète engendra les gémeaux,
De grâce armer ton cou, armer ta bouche encore,
Le poli de ton teint, riche et brillante aurore ;
Ton oblique regard, de sa plus vive flamme :
Je connais mieux ainsi la pudeur de mon âme !

III

Que ce soit en pleurant, enfin je l'ai connu
Ce désir innocent qui de toi m'est venu,
O visage divin qui commandes l'amour,
Et qui ne souffres pas que l'Amour nous commande ;
O illustre vertu ornée de jouvente,
Les doux rais de tes yeux me disent : Vois ton cœur,
La glace de ton cœur n'est plus que souffle et pluie !

IV

Les blés auront mûri sous le Cancer ardent
Et Bacchus renaîtra de la grappe foulée,
Les Hyades viendront, et viendront à leur tour
Les funestes frimas que sème le Borée.
L'eau s'égoutte à doux bruit, les prés sont éclatants,
A présent sont les jours messagers du printemps,
Diane encor' ne guide une meute hardie,
Philomèle soupire au plus haut des forêts,
L'arc flexible de Cypre ébranle de ses traits
    L'Ether, source de vie.

ÉNONE AU CLAIR VISAGE

O Vénus, ô déesse amante du berger
Qui menait sur l'Ida son troupeau étranger,
Que ton enfant cruel et pourtant adorable
Détourne de mes yeux sa torche déplorable ;
Que, reprenant pour moi son visage ancien,
Grave et tel qu'il sortit du germe ouranien,
D'un prestige décent mon faible cœur étonne !
Dorée, tes desseins je ne les pus tromper :
Une dernière fois tu me viennes frapper,
Je ne me flatte plus, je brûle pour Énone.

V

Autrefois je tirais de mes flûtes légères
Des fredons variés qui plaisaient aux bergères
Et rendaient attentifs, celui qui dans la mer
Jette ses lourds filets et celui qui en l'air
Dresse un piège invisible et ceux qui d'aiguillons
Poussent parmi les champs les bœufs creuse-sillons.
Priape même, alors, sur le seuil d'un verger,
En bois dur figuré, semblait m'encourager.
Ma flûte ne sait plus, hélas ! me réjouir,
Mon cœur est travaillé de crainte et de désir.

Adieu, roseaux amis que savait pertuiser,
Pour être les premiers, ma main ! Je veux creuser
La tige du lotus ; s'il est vrai que sa fleur,
En apaisant la faim, apaise la douleur
Et fait à l'homme errant sur Neptune écumeux
Oublier sa patrie et ses antiques Dieux :
Lorsque j'y soufflerai, avecque mon haleine
   Peut-être envolera ma peine.

VI

L'eau qui jaillit de ce double rocher
Remplit ce long bassin d'une onde trépillante ;
Les frênes, les ormeaux, où viennent se percher
   Linottes et serins,
   Et pics et tarins,
 Lui font une voûte ondoyante
   Qui garde mieux qu'un toit
De tuiles, lorsque ainsi Sirius pique droit.

Viens goûter la fraîcheur de cette onde secrète,
О chère Énone, jette
Et tissus et bandeaux ; ton esprit gracieux
Cache à mes yeux
De voiles plus épais
Tes corporels attraits.

Énone, vous fuyez ! O tourment, ô douleur,
O malheureuse flamme !
O couverte pensé', trop perfide oiseleur
De mon âme !

VII

Sœur de Phébus charmante,
Qui veilles sur les flots, je pleure et je lamente,
Et je me suis meurtri avec mes propres traits.
Qu'avais-je à m'enquérir d'Eros, fils de la terre !
Eros, fils de Vénus, me possède à jamais.

Guidant ta course solitaire,
Lune, tu compatis à mon triste souci.
O Lune, je le sais, non, tu n'as pas, vénale,
A Pan barbu livré ta couche virginale,
Mais les feux doux-amers te renflammant aussi
Par les yeux d'un berger dans sa jeunesse tendre,
Sur le mont carien tu as voulu descendre.

De ta douce lueur, ô Phébé, favorise
Ma plaintive chanson qu'emporte au loin la brise,
Et fais que mes soupirs, de l'écho répétés,
Etonnent la frayeur des antres redoutés.

VIII

Fier printemps ravisseur, que tu m'as abusé,
Et de quel faux semblant tu as mon cœur brisé !
L'hirondelle à présent sur la mer s'est enfuie,
Le cri de l'échassier nous ramène la pluie ;
Le prudent laboureur qui songe à ses guérets
De la cognée abat dans les tristes forêts
L'yeuse qui répand à terre son feuillage.
Automne malheureux, que j'aime ton visage !

IX

Énone, j'avais cru qu'en aimant ta beauté
Où l'âme avec le corps trouvent leur unité,
J'allais, m'affermissant et le cœur et l'esprit,
Monter jusqu'à cela qui jamais ne périt,
N'ayant été créé, qui n'est froidure ou feu,
Qui n'est beau quelque part et laid en autre lieu ;
Et me flattais encor' d'une belle harmonie
Que j'eusse composé' du meilleur et du pire,
Ainsi que le chanteur que chérit Polymnie,
En accordant le grave avec l'aigu, retire
Un son bien élevé sur les nerfs de sa lyre.
Mais mon courage, hélas ! se pâmant comme mort,
M'enseigna que le trait qui m'avait fait amant
Ne fut pas de cet arc que courbe sans effort
La Vénus qui naquit du mâle seulement,
Mais que j'avais souffert cette Vénus dernière
Qui a le cœur couard, né' d'une faible mère.

Et pourtant, ce mauvais garçon, chasseur habile,
Qui charge son carquois de sagette subtile,
Qui secoue en riant sa torche, pour un jour,
Qui ne pose jamais que sur de tendres fleurs,
C'est sur un teint charmant qu'il essuie les pleurs,
Et c'est encore un Dieu, Énone, cet Amour.
Mais, laisse, les oiseaux du printemps sont partis,
Et je vois les rayons du soleil amortis.
Énone, ma douleur, harmonieux visage,
Superbe humilité, doux-honnête langage,
Hier me remirant dans cet étang glacé
Qui au bout du jardin se couvre de feuillage,
Sur ma face je vis que les jours ont passé.

SYLVES

L'ÉQUITABLE BALANCE

L'équitable balance a voué ma mollesse
Longtemps à l'Aquilon et les flots écumeux,
Lorsque je ne savais entendre la prêtresse
Criant : Énée, hélas ! tu tardes dans tes vœux.

Mais, pareil au Troyen, à présent je moissonne
Les prophétiques dons du feuillage écarté,
Et mon esprit prendra la charmante beauté
D'un éclatant soleil amorti par l'automne.

VIGILE DU POÈTE ROMAN

Amicale clarté du ciel, déesse triple,
Phébé que réjouit la miche au pur levain,
Astéri' dont le trait ne manque pas la cible,
Hécate dont la corne est sacrée au devin !
Je n'ai pas dans le miel les dents du lynx dissoutes,
Ni contraint l'Austre vieux à rabattre son bruit,
Je ne viens pas troubler ta course dans la nuit,
Ma bouche ne dit pas le chant que tu redoutes.

Vois plutôt sous ces bois couronnés de l'Été
Mon Erato fervente aux fastes bucoliques
A songer qui élut la fraîche opacité
Que baigne doucement la Marne aux bords obliques.

Lune, veuille que l'or abondant ne me soit,
Mais que la pauvreté n'habite pas mon toit ;
Que si m'assaut l'adversité, d'un penser droit
Mon âme la médite, et que la Paphienne
Ne m'arde pas soudain du brandon rigoureux
Qui fit le Perce-monts fileuse lydienne.
Que ceux faussement peints ne m'abusent, qu'entre eux
Je passe avec le cœur léger, ô bonne Lune,
D'un petit oiseau ! car, dans mon sang chaleureux,
De ton frère à l'arc d'or je porte la fortune.

De la marche normande au pays angevin,
Où la pomme est gaulée, où fermente le vin,
Chacun eût estimé sa valeur importune
De n'entendre ma voix et que fût empêché
Mon plectre (honneur gallique) au luth trois fois touché.

LE RETOUR

       Pétrée, chère tête !
Pareille au blond épi que la faucille guette ;
O Pétréa, génisse indocile au servage,
Moins douce est la saveur de la pomme sauvage
       Que ta bouche.

Contre des hommes belliqueux que la trompette enivre,
Mes bras tendirent l'arc d'aubier où la sagette vibre ;
Mais ils sauront aussi s'illustrer d'une lutte
Plus bénigne, ô Pétrée, et j'appris les secrets
Des pertuisés roseaux et de la curve flûte.

C'est temps nouveau quand de ses traits
    Diane n'ensanglante les forêts.
C'est quand Jouvence fait à Dioné' service.
O gracieuse enfant, que clairs et simples sont tes yeux !
    Déjà, l'astre de Bérénice
Guide vers l'Occident le Bouvier paresseux.

    Pour que tu cèdes à mes pleurs,
Ma main a dévidé des fils de sept couleurs.
    Chantant l'air redouté,
    J'ai répandu la cendre
    Des herbes de bonté.
La voix du rossignol fait ton âme plus tendre,
  Et le favone agace, comblant mes vœux,
La couronne de pin qui mêle tes cheveux.

CONTRE QUELQUES-UNS

Il est qui se pensent savants
Et de miel arrosés, parmi nos écrivants,
Lorsque d'un vain propos leur subtilité farde
Le véridique teint de leur humeur couarde.
  Ceux-là les peut-on voir
  D'un froncé sourcil pédantesque
  Vanter la Minerve tudesque
  Ou l'Anglais, de gravité l'hoir.

Toi qui mènes les Muses grecques,
Aux rivages de la Seine et du Loir,
Afin qu'elles dansent avecques
Les Sylphes et les Fées, aux sons
De tes romanes chansons ;
Si tu bois le vin doux des cornes libérales
Et mêles tes cheveux de rains et de pétales,
Tout docte au lyrique fredon,
De ton esprit t'en fasses-tu délivre !
Du Plessys, tu ne vas maudissant le brandon
Guerrier par qui Jupin donne honte et guerdon,
Et tu sauras mourir ainsi que tu sais vivre !

A RAYMOND DE LA TAILHÈDE

   Laissons le rustre, l'immonde
Ignorant dénier à notre Apollon le prix
Des larmes, pour ce qu'il est si bien appris
A couvrir de beauté la misère du monde.
Rions-nous d'eux, mon Raymond, qu'un noble jeu
  Couronne de rameaux légers
  (Comme des garçons bocagers)
Nos cœurs pareils aux Cyclopes amis du feu.

EMBLÈME

Oublie le roseau qui charme les dryades,
 Arme-toi de tes franches couleurs ;
Attelle d'un bras sûr les cavales ailées
Au char rapide, et prends la lance niellée
Avec les forts maillets les cuirasses rompants.
Que tu te plaises à combattre avec des coupes !
Laisse couler le vin, laisse passer les troupes
 Ballantes des Satyres et des Pans.

Si quelques-uns parmi les rivaux que tu nargues
    Sont de la race belliqueuse des loups,
Le plus grand nombre est mal rusé comme renardes !
Aussi de hardement prompt sois-tu et t'avise
    D'un bouclier où la devise
    Montre les grands travaux d'Hercule
Ou le cornu dragon illustre aux bords de Loire,
    Car il n'est honte nulle
A qui par bien gaber clame juste victoire !

Et le labeur est bon s'il se doit guerdonner
    De la faveur de Celle
  Par qui la lyre au thracien sonner
    Tirait les arbres après elle.
Jadis d'un triple tour l'olivier de la Grèce
    Et le laurier latin,
Pour prix de ses vertus ont couronné sa tête,
Mais c'est le lys français qu'Elle attend de ta main.

LA DRYADE A PAN

DE RENDRE MAURICE DU PLESSYS A LA SANTÉ

Illustre pied-de-bouc, Pan de vert couronné,
Fais que mon du Plessys me revienne gaillard,
Car sur tous il sait bien chalumer avec art
Et son bruissant luc sur tous est bien sonné.
La peau de ton rival, Pan, tu auras pour prix,
Si tu me rends bientôt cette bouche à fredon
Qui fait taire d'un coup, dans mon bois de Meudon,
Du satyre outrageux le rebec mal appris.

ÆMILIUS, L'ARBRE LAISSE...

Æmilius, l'arbre laisse la verte
　　Couleur, et le lustre efface
　　Des roses, dessus leurs faces ;
Et pour les rossignols, dans leurs hautes demeures,
　　Amour ne file plus les heures ;
Et de son vol, pour rien, bat le gel des fontaines
L'oiseau, qui Jupiter muant en forme vaine,
D'Ilion douloureuse engendra le brandon :

Quand vient sur la forêt l'extrême Automne.

Hélas ! déjà l'Été décline sur ma tête,
    Et cette Automne qui s'apprête
Viendra bientôt sur moi, comme sur la forêt.
Ains, de mes jeunes ans, ami, je n'ai regret ;
L'étoile de Cypris dans mon cœur ne se couche,
Et d'un doux regarder si je dis les réseaux,
C'est un Zéphire enfant qui toujours par ma bouche
    Fait chanter mes roseaux.

TÉTHYS QUI M'AS VU NAITRE

Téthys qui m'as vu naître, ô Méditerranée !
Quinze fois le Taureau nous ramena l'année,
Depuis que, par ton zèle exilé de ton sein,
Ton aimable couleur à mes yeux fut ravie.
Certes, mon âme est forte et brave est mon dessein,
Et rapide est mon soc dans la trace suivie :
Et jà ma bouche a su entonner l'Aquilon
Avecque l'Euménis, dans l'airain d'Apollon,

Car, enfant j'ai mâché, d'une fureur avide,
Le rameau Pénéan, de tes embruns humide.
Mais du fils d'Oïlée ou d'Hector la valeur
Un instant elle fault ; et parfois mon courage
(Toujours la pique au poing !) médite la douceur
Que je m'accoude un soir pleurant sur ton rivage,
Tandis que, sur tes flots où Diane a versé
La stérile lueur de son flambeau glacé,
La plainte de l'alcyon ne cesse de s'accroître.

OUI, C'EST AU SANG LATIN

Oui, c'est au sang latin la couleur la plus belle,
Les plus riches moissons sont toujours à Cybèle,
Et toujours la Victoire, amante des combats,
Sera forgé' pour nous des Cyclopes nu-bras.
   Que notre voix obtienne,
   Des mains de Chrysaor,
   La foudre olympienne :
   Sur nos luths veille encor
   La vierge Athénienne,
   Pallas au casque d'or !

Si pour l'impie obscur oncque ses feux ne vivent,
Pour nous, ses attentifs,
Jette un éclat plus vif
Vesta qui règne sur le Tibre.

A CHARLES MAURRAS

Pestum qui deux fois l'an voit naître et mourir
Adone, Lucrétile agréable qui bruit encor
Des vers latins chantés sur la lyre de Lesbos,
Hybla qui nourrit ses abeilles de la fleur
Du saule, Ustique où le Faune léger, du lycée fuitif,
Ecarte de la chèvre et de son époux odoreux
        L'Été et l'Austre ;

Ni la rive abordé' de la troyenne proue,
Ni l'ombreuse Tibur, et ni l'heureux coteau
Où, charmé sous la voix du cygne de Mantoue,
Tel la source au cheval parla le Mincio :
Ne surent plaire au cœur des Muses et des Grâces
Ainsi que tu le fais, ô dorée Provence !

   Jaufred, Arnaud Daniel
   Au style doux comme miel,
   Pierre qui sentis la darde
   De la belle Nesmengarde,
   L'autre Arnaud qui n'eus soulas
   De la Dame de Bourlas,
   Bernard, Anselme, Folquette
   Qui capucin te rendis,
   Et Raimbaud qui de Phanette
   Rimas en Aubes et Dits :

 Votre vertu, de l'arbre du Pénée,
Aux champs d'Elise soit à jamais couronnée,
Aimables provençaux par qui sut bien les sons,
Mignardement sonnés, des jeux et des tensons,
En pays champenois, le grand Thibaut, mon maître.

Sur tes grèves conduit paître
Protée encor' son troupeau,
O Provence qui vis naître
Et Pontopore et Spéio,
Et la belle Galatée,
Et Mélite au doux souris,
Filles que du dieu Nérée
Eut la princesse Doris.
Rivage heureux, si la Parque me file
Des jours d'amertume trempés,
Alors que les épis stériles
Auront mon attente trompé,
J'irai vers toi ; à l'heure où la cyprine
Vesper ramène la fraîcheur,
Couché dessus l'herbe marine,
J'appellerai le sort de Glaucque le pêcheur.

D'UNE INGRATE DOULEUR

D'une ingrate douleur ayant les traits souffert,
Devant l'été des ans j'en ai touché l'hiver.
Mais ma verve, pareille aux eaux du noble Alphée,
Se mêle au flot mondain sans en être altérée,
Et par toutes les fois qu'aux cordes j'ai tenté
(Pour que rougisse enfin l'affreuse nudité
D'un impudent chanteur), j'ai caché mes blessures
Sous le beau teint des fleurs nouées en sertissures.

LA GLÈBE S'AMOLLIT

La glèbe s'amollit et cède au doux Zéphire ;
Jà l'alouette tirelire,
Et la source s'accorde aux tuyaux du pasteur.

O printemps adorable,
Lorsque tu fleurissais au milieu de mon cœur,
Je n'avais pas souci du déclin des Pléiades.
Que tu reviennes or' sur leur tige à requoi
Les roses odorer, et reverdir les arbres :
C'est le tardif safran qui seul s'ouvre pour moi.

AMOUR DEPUIS CES SOIRS

Amour depuis ces soirs que parfume l'été
Tire l'arc contre moi d'une grand' cruauté.
Les plus sages conseils, Clarisse, sont déçus.
A peine de mes yeux tes yeux sont aperçus,
Je brûle comme fait la torche secouée.
Sentant bon les onguents, et la taille nouée
De pourpre, et d'or le cou, viens... Mais non, tu serais
Sans ceston ni collier encore plus parfaite !
Arrange tes cheveux sur le haut de ta tête...
Le seul fard de l'amour embellira tes traits.

LES ARMES DES DIEUX

Muses de France, sœurs, ô troupe bienheureuse
Qui habitez les bords de ma Seine amoureuse,
  Le rustre au barbare parler
Dans vos antres l'écho ne viendra plus troubler :
Aux mains de du Plessys le tambourin de Nisa sonne.
  Qu'il soit percé, Python mal-embouché !
Dessus l'enclume de Vulcain, traits il façonne.
  Mars de son même casque l'a paré,

Ceint de ses clefs le veut Fortune :
Il porte le trident du valeureux Neptune,
            Et le bâton noueux
Par qui les monstres mi-chevaux reconnurent Alcide.
    Et, riant de l'effroi de ces fuyards honteux,
        Opprobre du Parnasse, il agite sur eux
        De Jupiter tonnant l'épouvantable égide.

ROMANE JUVÉNILE FLEUR

Romane juvénile fleur, vous m'êtes témoin
    Comme dispos et droit et simple
        J'ai mis mon soin,
    D'un arc qui frappe au loin
    A purger des monstres le Pimple.

    Mais puisque déjà par notre art
Se répondent Pindare et Thibaut et Ronsard,
Puisque Pégase fait, pour accorder nos lyres,
Naître un nouveau surgeon sous son sabot gaillard,
Quelle cure à nos mains d'écorcher les satyres ?

Qu'ore
Sonne le chant qui les Gaules décore :

D'une audace familière,
Vous soyez toujours vainqueurs,
Et vous couronnez de lierre
Au pentathle des neuf sœurs.
A Troade la hautaine,
Roland baron capitaine
Qu'il y joûte à la quintaine !
L'Alphé', le Tibre mêlez
A cette amoureuse Seine,
Faites qu'au bruit de l'aveine
Où vous savez bien souffler,
Le gentil Auberon, par les tardes soirées,
Mène danser au bois les filles de Nérée.
Portez Phébus au cœur, en votre esprit, Pallas !
Car, dans l'arène où le lâche recule,
Je veux montrer le poing illustre d'Iolas
Guidant le char d'Hercule !

LE SANG DE MON CŒUR

Le sang de mon cœur, d'une goutte,
Peut du glacé Strymon faire fumer la route.

Io ! l'arc qui frappe au loin se bande et tonne :
D'être à nouveau percé le noir Python s'étonne.
Io ! Dodone, ton sommet
S'éveille en Vendômois, aux rivages de Seine
Courent les feux que Diane allumait
Sur la montagne lycienne !

ORE, QUE DESSUS MA TÊTE.

Ore, que dessus ma tête,
Saturne ennemi tempête ;
De ses innocentes mains
Clothon, du destin instruite,
Qu'active file la suite
De mes conforts toujours vains !
Sur le luth je ne dirai,
Homme de mauvais courage,
Mon ennui, ou d'un outrage
Dépit je ne me plaindrai.
Plutôt, d'une ardeur qui passe
Thèbes, Ascrée et la Thrace,

Je sonnerai sons si hauts
Que les neuf sœurs étonnées,
Fuyant le Pimple et Pénée
Et de Pégase les eaux,
Feront bruire en la France,
Parlantes, dessous ma voix,
D'une amoureuse cadence,
Les prés, les antres, les bois.

ALCINOÜS ET RHODOPE

Que tu montes au ciel douce et brillante, ô lune,
Ce n'est plus le printemps, c'est l'Automne importune !
Le vigoureux été, le printemps florissant
Emportent avec eux mon amour languissant.
Le feuillage est tombé, l'hirondelle est partie,
Ah, viens plus près de moi, Rhodope, je te prie :
Un zéphyr amoureux, de ta bouche soufflé,
Me fera souvenir des beaux jours de l'été,
Et je pourrai tromper le temps et ma tristesse
En admirant tes seins que hausse la jeunesse.

L'AUTOMNE OU LES SATYRES

Hier j'ai rencontré dans un sentier du bois
Où j'aime de ma peine à rêver quelquefois,
Trois satyres amis ; l'un une outre portait
Et pourtant sautelait, le second secouait
Un bâton d'olivier, contrefaisant Hercule.
Sur les arbres dénus, car Automne leur chef
A terre a répandu, tombait le crépuscule.
Le troisième satyre, assis sur un coupeau,
De sa bouche approcha son rustique pipeau,

Fit tant jouer ses doigts qu'il en sortit un son
Et menu et enflé, frénétique et plaisant :
Lors ses deux compagnons, délivres se faisant,
De l'outre le premier et l'autre du bâton,
Dansèrent, et j'ai vu leurs pieds aux jambes tortes,
Qui, alternés, faisaient voler les feuilles mortes.

PHYLLIS PRINCESSE DE THRACE

A tes pieds les flots expirent, ô princesse,
    O malheureuse fille du Thrace
Sithon, les flots vont et viennent sans cesse,
    Mais à leur retour encore manquent
Les blanches voiles de celui qui toujours
Portait les Dieux dans sa bouche parjure.
Les traits de Vénus étaient doux à ton âme
Quand la bouche de ton amant en pansait la blessure,
Et maintenant tes plaies sont fontaines de flamme
Qui de l'Hèbre glacé font un autre Phlégéthon.

Pleure sur ton hymen aux sinistres auspices,
Et ne t'excuse plus de l'espérance, vois,
Depuis que, pour partir, il eut les vents propices,
La lune a complété son disque quatre fois.

DÉESSE AUX YEUX D'AZUR

Déesse aux yeux d'azur, Minerve glorieuse,
Tritogéni', Pallas, pudique, ingénieuse,
Protectrice Athéné qui maintenant habites
Où, ma Seine, en flottant, sa course précipite,
Fais que l'intègre voix qui de ma lyre sonne,
Ayant vaincu le temps, d'âges en âges donne
Aux femmes la douceur, aux hommes un cœur pur.
Ainsi je te salue, ô vierge aux yeux d'azur.

Eriphyle

et

Sylves nouvelles

1893-1896

ÉRIPHYLE

ÉRIPHYLE

Suivant la docte trace
Du Mantouan fameux qui m'a nourri de sa grâce,
Sur le Styx odieux et l'Achéron avare,
Ériphyle, je viens au fond du noir Tartare.
Ne me dédaigne pas, Mâne charmante, laisse
Brûler devant mes yeux ton antique tristesse,
Et tes larmes couler dans mon esprit pieux,
Comme en un vase pur un baume précieux.

« Essence pareille au vent léger,
  « J'erre

« Depuis que la vie a quitté
  « Mon corps.
« Mais les souillures et les maux du corps,
  « La mort ne les efface.

« Ainsi, écoute : Le souci
  « D'une ceinture dorée
« Ne m'a vaincu' comme l'ont conté
  « Des bouches abusées.
« Mais c'est Cypris aux crins dorés,
  « Déesse des trophées.

« Mon époux, c'était un héros,
  « Il était fils d'Oïclée ;
« Il avait ramé sur le navire Argo
  « A côté de Thésée.
« De Phébus aux longs traits, d'Apollon,
  « Il était augure ;
« Mais sa barbe était à son menton
  « Chenue et dure.
« Et l'autre quand il vint, il était
  « Dans sa jeunesse tendre ;

« Sur sa joue à peine un blond duvet
 « Commençait à s'étendre.
« Le tambour Bérécynthian
 « N'emporte l'âme
« Comme faisait sa voix disant :
« *Les Dieux vous gardent, noble Dame.*
« Alors je sentis que ma pudeur
 « Etait la feuille tombée,
« Et mon désir semblable à la fureur
 « Rapide de Borée.

« O jeunesse, tes bras
« Sont comme lierre autour des chênes
 « Mais la vieillesse, hélas !
« Est une foule d'ombres vaines. »

Elle dit, puis se tait, déçue en son courage.
Tel un coursier rétif qui soudain prend ombrage,
Ta mémoire recule, ô spectre épouvanté,
Et jamais de ta bouche il ne sera conté
Qu'un fils, pensant venger ton amour adultère,

A souillé de ton sang la terre nourricière.
Au séjour de Minos et d'Éaque inflexibles,
O femme, tu n'as plus tes membres corruptibles,
Ces yeux porte-lumière et l'épais de ces tresses,
Ces délicates mains, délices des caresses.
Maintenant de l'amour la tendresse divine
Décrirait un vain cercle autour de ta poitrine.
Mais du bras d'Alcméon la parricide offense
Trouve tangible encor ta trompeuse apparence.
Ainsi frappe le coin une yeuse abattue
Au profond des forêts pour former la charrue.
Hélas! mortels, fuyez comme un port dangereux
Les perfides conseils d'un soin ambitieux.
Que diverse est la chance et l'attente peu sûre,
Alors que nous passons la commune mesure!
D'un cœur jamais surpris la sage volonté
Ressemble ce beau char qu'un bras adextre guide,
Mais l'aveugle courroux, comme un taureau stupide,
Souvent manque le but et s'élance à côté.

O ma Muse, quittons ce fleuve et ces campagnes,

Et Pluton, et les sœurs que l'on n'ose nommer,
Et que cette Ombre enfin rejoigne ses compagnes
   Qui sont mortes d'aimer.

Je vois la triste Phèdre, innocente et coupable,
Myrrhe qui consomma son désir exécrable,
D'un funeste présage Aglaure déchirée,
Et Canacé, épouse et sœur de Macarée,
La reine de Lemnos, qui brûla pour son hôte,
Le parjure Jason, l'intrépide Argonaute,
Héro, Laodamie, Hermione, Eurydice,
Cydippe, prise aux lacs d'un fatal artifice,
Procris au tendre cœur, jalouse de l'Aurore,
Hypermnestre, Évadné, cette Phyllis encore,
Et la sage Didon, que le pieux Énée
Pour obéir aux dieux avait abandonnée.

Comme ce pâle essaim de malheureuses Ombres,
Du Styx au triple tour couvrant les rives sombres,
Au penser doux-amer de son ancien martyre

S'agite tristement et doucement soupire !
Ainsi par un beau soir, au milieu de la plaine,
La tige que le vent bat d'une tiède haleine.

———

Grand honneur mantouan, harmonieux Virgile,
Telle sur son passage une onde au cours tranquille
Favorise les plants de son humeur nourris,
Telle la docte voix de ton plectre rendue,
   D'âge en âge épandue,
Élève la vertu des intègres esprits.
Et toi Dante qui sus, égalant les antiques,
Hausser le faible essor de tes Muses gothiques,
Tant tu avais le cœur de Calliope plein,
Dans la grave douceur de tes divines rimes,
Du grand Parnasse saint tu gravis les deux cimes
Pour chercher le chemin du paradis chrétien.
O mes maîtres chéris, à vos leçons docile,
J'osai faire parler les mânes d'Eriphyle ;
Veuille donc Apollon, illustre entre les dieux,
Renflammer tout soudain ma fureur languissante,

Que sur le luth français j'accorde pour vous deux
Les paroles que dit dans la Cité dolente,
En langage toscan, le plus jeune au plus vieux :

O fonts de poésie, ô pères, fameux sages,
O des autres chanteurs ornement et clarté
Soutenez ma faiblesse et que me soit compté
Le désir qui m'a fait rechercher vos ouvrages.

SYLVES NOUVELLES

LA PLAINTE D'HYAGNIS

Substance de Cybèle, ô branches, ô feuillages,
Aériens berceaux des rossignols sauvages,
L'ombre est déjà menue à vos faîtes rompus,
Languissants vous pendez et votre vert n'est plus.
Et moi je te ressemble, automnale nature,
Mélancolique bois où viendra la froidure.

Je me souviens des jours que mon jeune printemps
Ses brillantes couleurs remirait aux étangs,
Que par le doux métier que je faisais paraître
   Dessus les chalumeaux,
Je contentais le cœur du laboureur champêtre
   Courbé sur ses travaux.

Mais la Naïade amie, à ses bords que j'évite,
Hélas ! ne trouve plus l'empreinte de mes pieds,
Car c'est le pâle buis que mon visage imite,
Et cette triste fleur des jaunes violiers.
Chère flûte, roseaux où je gonflais ma joue,
Délices de mes doigts, ma force et ma gaîté,
Maintenant tu te plains : au vent qui le secoue
Inutile rameau que la sève a quitté.

ASTRE BRILLANT

Astre brillant, Phébé aux ailes étendues,
O flamme de la nuit qui crois et diminues,
Favorise la route et les sombres forêts
Où mon ami errant porte ses pas discrets !
Dans la grotte au vain bruit dont l'entrée est tout lierre,
Sur la roche pointue aux chèvres familière,
Sur le lac, sur l'étang, sur leurs tranquilles eaux,
Sur leurs bords émaillés où plaignent les roseaux,

Dans le cristal rompu des ruisselets obliques,
Il aime à voir trembler tes feux mélancoliques.

L'injustice, la mort ne dépitent les sages ;
Aux yeux de la raison le mal le plus amer
N'est qu'une faible brise à travers les cordages
De la nef balancée au milieu de la mer.
Et mon ami sait bien que le vert ne couronne
La ramée toujours, mais ni toujours l'automne ;
Que c'est des jours heureux qu'il faut se souvenir,
Que même le malheur, comme humain, doit mourir.
Or le dessein plus fier, la plus docte pensée,
A la quenouille où est la Parque embesognée
Se prennent comme mouche aux toiles d'araignée !

O hélas ! qui pourra que les étés arides
Ne viennent aux jardins sécher les fleurs rapides ;
Que le funeste hiver, son haleine poussant,
Ne fasse du soleil un éclat languissant :
Que sous le tendre myrte à la rose mêlé

L'agréable plaisir n'aille d'un pas ailé,
Ou que le temps aussi, d'un vol plus prompt encore,
Sur nos têtes ne passe et ne les décolore !

Phébé, ô Cynthia, dès sa saison première,
Mon ami fut épris de ta belle lumière ;
Dans leur cercle observant tes visages divers,
Sous ta douce influence il composait ses vers.
Par dessus Nise, Eryx, Scyre et la sablonneuse
Iolcos, le Tmolus et la grande Épidaure,
Et la verte Cydon, sa piété honore
Ce rocher de Latmos où tu fus amoureuse.

Puisque douleur le point et l'ennui de tristesse,
Ne l'abandonne pas, toi sa chère déesse :
Allège son souci, que dans son âme passe
Cette éclatante paix qui règne sur ta face !
Alors ses chalumeaux, en leurs rustiques sons,
Hardis surmonteront les antiques chansons
Des cithares et luths, des poètes et pères

Qui les yeux ravissaient des monstres et cerbères ;
Car de ton frère archer la prophétique rage
Qui agite les rains du pénéan feuillage,
Jamais enfant mortel ne la porta si forte
Comme mon ami doux dedans son cœur la porte.

A MAURICE DU PLESSYS

Une même fureur n'agite tout poète.
Combien qui sont faconds ont la bouche muette !
La plupart sont chétifs et rampent bassement
Aux arbrisseaux pareils ; quelques-uns seulement,
De naturel bien né, sans ruses et sans peine,
Passent incontinent cette commune voix :
Tel un chêne élevé qui par dessus le bois
Élance dans l'azur sa cime aérienne.

Ami cher, si le dieu qui confond l'ignorance,
Phébus qui m'a nourri dès la première enfance,

M'a bien prophétisé que c'est du labeur tien
Que Permesse courra sur les françaises rives,
Et si tu es toujours amoureux du lien
Que forme le laurier avec ses tresses vives,
La sainte Poésie, et de jour et de nuit,
Soit en toi comme un feu qui dans un chaume bruit.

De l'aveugle qui dit le courage homicide
De ce divin guerrier, fils de la Néréide,
Du vieillard de Téos et du thébain Pindare,
De ce magicien que Mantoue a vu naître,
De ce Toscan pensif qui au fond du Tartare
Suivit encor vivant la trace de son maître,
De Ronsard qui Vendôme et la France décore,
De ce Sophocle, honneur de la Ferté-Milon,
De celui, bien appris, qui dedans la Champagne
Tira Pinde, Dodone et le sacré vallon,
Et du charmant Chénier dont deux fois je m'honore :
Nouveau Mercure, ayant pour ta verge brillante
Un plectre harmonieux, assemble et guide encore
Les substances qui sont sur la Lyre volantes.

ÉPITAPHE DE PAUL VERLAINE

> Μοῖσαι καὶ Χάριτες, κοῦραι Διός, αἴ ποτε Καδμου
> ἐς γάμον Ὠκεανοῦ καλὸν ἀείσατ' ἔπος·
> « Ὅττι καλὸν φίλον ἐστί· τὸ δ' οὐ καλὸν οὐ φίλον ἐστί. »
> Τοῦτ' ἔπος ἀθανάτων Ἦλθε διὰ στομάτων.
>
> Théognis.

Et qu'importe à mes vers ta vie et ses alarmes !
Qu'importe le trépas ! Apollon est guerrier :
Je ne répandrai pas de misérables larmes,
Poète, sur ta tombe où fleurit le laurier.

La forêt tour à tour se pare et se dépouille ;
Après le beau printemps, on voit l'hiver venir ;
Et de la Parque aussi la fatale quenouille
Allonge un fil mêlé de peine et de plaisir.

Comme une eau qui, tombant d'une montagne haute,
De rocher en rocher se brise à l'infini,
Ainsi le cœur humain est brisé, quand la faute
L'a roulé sur lui-même et l'a de Dieu banni.

Mais le chantre divin tombe et se précipite
Jusques au plus bas lieu pour gagner les sommets :
Aux noces de Cadmus les Grâces l'ont prescrite,
La règle que son cœur ne transgressa jamais.

A ERNEST RAYNAUD

L'Éther n'est pas toujours du Zéphyr rafraîchi,
De violente ardeur l'Été le brûle aussi,
L'hirondelle le quitte, et les plaintives grues,
Compagnes du Notus, y ramènent les nues,
Et l'Aquilon cruel y sème les frimas ;
Puis encor les Saisons reviennent sur leurs pas.
Telle du mal au bien, de la joie à la peine
        Passe la vie humaine.

A ERNEST RAYNAUD

Ah! que peu de support ont les faveurs d'un jour
   Du bonheur désirable !
Mais le triste malheur n'est pas au misérable
   Moins volage à son tour.

Raynaud, parmi les biens réservés à la terre
   Notre partage est le plus beau,
Puisque, sur son métier, la Parque ménagère
   Nous a filé l'amour de ce rameau
Stérile seulement au penser du vulgaire.

Un autre, à chaque coup surpris ou rebuté,
   Remontre à la Divinité
Sur l'ordre convenable et l'effet ordinaire !
Fuyons ce vice, ami : que l'intègre Beauté
Pénètre notre esprit avec tranquillité,
Ainsi que l'eau reçoit un rayon de lumière.

PROSERPINE CUEILLANT DES VIOLETTES

Dans ce riant vallon, cependant que tu cueilles
La douce violette aux délicates feuilles,
O fille de Cérès, hélas ! tu ne sais pas
Que le sombre Pluton poursuit partout tes pas.
Il ne supporte plus d'être nommé stérile,
Car Vénus l'a blessé soudain des mêmes traits
Dont elle abuse, au fond des antiques forêts,
La race des oiseaux et le beau cerf agile.

Entends les cris du dieu ! sous son bras redouté
Se cabrent les chevaux qui craignent la clarté,
Rompant sous leurs sabots le roseau qui s'incline
Aux marais paresseux que nourrit Camarine.
Dans ses grottes gémit Henna, mère des fleurs,
Et Cyane ses eaux fait croître de ses pleurs.
Parmi les pâles morts bientôt tu seras reine,
O fille de Cérès, et Junon souterraine.
Ainsi, toujours la vie et ses tristes travaux
Troubleront le Néant dans la paix des tombeaux,
Et désormais en vain les Ombres malheureuses
Puiseront du Léthé les ondes oublieuses.

TABLE

TABLE

LE PÉLERIN PASSIONNÉ

Agnès	7
Le dit d'un chevalier qui se souvient	15
Autant en emporte le vent	21
Épître	23
L'Investiture	25
Chanson	27
Chanson	29
Chanson	31
Chœur	33
Une jeune fille parle	35
Historiette	37
Le judicieux conseil	39
Parodie	41
A Jeanne	43
Étrennes de Doulce	45
I. *Ses yeux parmi*	47
II. *Je suis le guerrier*	49

    III. *Ombre de casemate.* 51
    IV. *Pour couronner ta tête.* 53
    V. *J'ai tellement soif.* 54
    VI. *Parce que du mal et du pire.* 55
    VII. *Certe, il ne sut une autre toi.* 57
    VIII. *Tes yeux sereins.* 59
JONCHÉE. 61
    Discours. 63
    Élégie première. 67
    Élégie deuxième. 69
    Élégie troisième. 73
    Cartel. 75
    Passe-temps. 77
    Contre Juliette 79
    Mon mal j'enchante. 81
    Le trophée. 83
ALLÉGORIES PASTORALES. 85
    Églogue à Æmilius. 87
    Églogue à Ma Dame. 89
    Églogue à Elle encore. 93
    Églogue à Francine. 97
    Églogue à Paul Verlaine. 99
GALATÉE. 101
LE BOCAGE. 111
    Un troupeau gracieux. 113

La persuasion habite sur tes lèvres. 115
Pour consoler mon cœur 117
Gentil esprit, l'honneur des Muses. 119
Les feuilles pourront tomber. 121
Je suis las, si las. 123
Je naquis au bord d'une mer. 125
Que faudra-t-il à ce cœur qui s'obstine. 127
Sauvons-nous du souci d'un jour. 129
Moi que la noble Athène a nourri 131

ÉNONE AU CLAIR VISAGE ET SYLVES

ÉNONE AU CLAIR VISAGE. 135
   Offrande à l'Amour. 137
   I. *Elle a fini déjà.* 139
   II. *Ce ne sont pas ceux-là.* 141
   III. *Que ce soit en pleurant* 142
   IV. *Les blés auront mûri.* 143
   V. *Autrefois je tirais.* 145
   VI. *L'eau qui jaillit* 147
   VII. *Sœur de Phébus charmante.* 149
   VIII. *Fier printemps ravisseur.* 151
   IX. *Énone, j'avais cru.* 152
SYLVES 155
   L'équitable balance. 157
   Vigile du poète romain. 159
   Le retour. 161

Contre quelques-uns. 163
A Raymond de la Tailhède. 165
Emblème 167
La Dryade à Pan 169
Æmilius, l'arbre laisse. 171
Téthys qui m'a vu naître. 173
Oui, c'est au sang latin. 175
A Charles Maurras. 177
D'une ingrate douleur. 181
La glèbe s'amollit. 183
Amour depuis ces soirs. 185
Les Armes des Dieux. 187
Romane juvénile fleur. 189
Le sang de mon cœur 192
Ore que dessus ma tête. 193
Alcinoüs et Rhodope 195
L'Automne ou les Satyres. 197
Phyllis princesse de Thrace. 199
Déesse aux yeux d'azur. 201

ÉRIPHYLE ET SYLVES NOUVELLES

ÉRIPHYLE 205
SYLVES NOUVELLES 215
    La plainte d'Hyagnis 217
    Astre brillant 219

TABLE

A Maurice Du Plessys. 223
Épitaphe de Paul Verlaine 225
A Ernest Raynaud 227
Proserpine cueillant des violettes 229

ACHEVÉ
D'IMPRIMER
PAR JOSEPH ROYER, ANNONAY,
LE 1ᵉʳ MAI 1898
POUR LA SOCIÉTÉ
LA PLUME

La Plume

REVUE LITTÉRAIRE, ARTISTIQUE ET SOCIALE, ILLUSTRÉE

Paraissant les 1er et 15 de chaque mois.

(10ᵉ ANNÉE)

Directeur-Rédacteur en chef : LÉON DESCHAMPS

Secrétaire de la Rédaction : PAUL REDONNEL

PRINCIPAUX COLLABORATEURS

Rubriques courantes : *De fil en aiguille*, série d'articles sur la littérature et l'art contemporains (JEAN MORÉAS). — *Arabesques* (ADOLPHE RETTÉ). — *Critique littéraire* (MAURICE LE BLOND). — *Bibliographie* (Nous tous). — *Critique dramatique* (GEORGES ROUSSEL). — *Critique musicale* (LÉLIO). — *Critique d'art* (Y. RAMBOSSON, LÉON MAILLARD, CH. SAUNIER, HENRY EON). — *Chronique idéaliste* (JACQUES BRIEU). — *Sociologie* (ANDRÉ VEIDAUX). — *Massacre des Amazones* (HENRI NER). — *Silhouettes à l'encre noire* (PAUL REDONNEL). — *Mouvement provincialiste*, (IAN-MONGOÏ). — *A travers la Presse* (VADIUS). — *Intérim* (LÉON DESCHAMPS). — **Correspondance étrangère** : Allemagne (AVATAR). — *Angleterre* (PAUL GOURMAND). — *Autriche-Hongrie* (WILLIAM RITTER). — *Belgique* (VICOMTE DE COLLEVILLE). — *Italie* (VITTORIO PICA). — *Russie* (PRINCE A. OUROUSOF). — *Suisse* (PHLIP JAMIN).

Articles divers : MICHEL ABADIE, MAURICE BARRÈS, HENRY BECQUE, A. BÉVYLLE, EMILE BLÉMONT, SAINT-GEORGES DE BOUHÉLIER, ARMAND BOURGEOIS, JULES BOIS, RENÉ BOYLESVE, JEAN CARRÈRE, F.-A. CAZALS, DAUPHIN MEUNIER, HENRY DETOUCHE, MAURICE DU PLESSYS, LÉON DUROCHER, GEORGES FOUREST, ALPH. GERMAIN, TH. GESLAIN, JEAN GRAVE, CH. GUINOT, J.-K. HUYSMANS, TRISTAN KLINGSOR, LA FORGUE, ALBERT LANTOINE, CAMILLE LEMONNIER, JEAN LORRAIN, MAURICE MAGRE, PIERRE MILLE, CH. MAURRAS, STUART MERRILL, JEAN MORÉAS, ERNEST RAYNAUD, G. DE RAULIN, HUGUES REBELL, LÉON RIOTOR, LOUIS DE SAINT-JACQUES, RÉMY SALVATOR, E. SIGNORET, RAYMOND DE LA TAILHÈDE, OCTAVE UZANNE, PAUL VÉROLA, AUG. GILBERT DE VOISINS, OSCAR WILDE, WILLY, etc.

Pour les illustrations : PIERRE BONNARD, EMILE BERCHMANS, PAUL BERTHON, HENRY BOUTET, J. CHÉRET, HENRY DETOUCHE, ANDHRÉ DES GACHONS, EUGÈNE GRASSET, HERMANN PAUL, HENRY DE GROUX, JOSSOT, LÉON LEBÈGUE, ALPH. LÉVY, F. MARÉCHAL, MARC MOUCLIER, A. MUCHA, A. OSBERT, R. RANFT, ARMAND RASSENFOSSE, FÉLIX RÉGAMEY, LOUIS RHEAD, EDMOND ROCHER, FÉLICIEN ROPS, J. SATTLER, H. DE TOULOUSE-LAUTREC, JULES VALADON et ADOLPHE WILLETTE.

ABONNEMENTS : Édition japon : **60 fr.** ; vélin : **25 fr.**
(Ces éditions comprennent en plus de l'édition ordinaire une estampe encartée dans chaque fascicule.)

Édition ordinaire : France, **12 fr.** ; Etranger, **15 fr.** ; le Numéro, **60 c.**

Administration et Rédaction : **31, rue Bonaparte, Paris.**

Imp. J. Royer. Annonay.

www.ingramcontent.com/pod-product-compliance
Lightning Source LLC
Chambersburg PA
CBHW071911160426
43198CB00011B/1257